饿殍

明末千里行

艺术设定集

人民邮电出版社
北京

零创游戏 | 著

图书在版编目（CIP）数据

《饿殍：明末千里行》艺术设定集 / 零创游戏著 .
北京 ：人民邮电出版社，2024. -- ISBN 978-7-115
-65336-9

Ⅰ . G898.3

中国国家版本馆 CIP 数据核字第 2024RG0843 号

内 容 提 要

  《饿殍：明末千里行》是一款以明朝末年为背景的文字冒险游戏，由零创游戏工作室开发，于 2024 年 4 月 23 日在国内发售。玩家将在游戏中扮演一名盗匪，运送四名女孩从华州城至洛阳城，并在途中解开一系列谜团、作出关键选择。这款游戏以其深入人心的故事情节，赢得众多玩家的好评。

  本书是游戏《饿殍：明末千里行》的艺术设定集，包含游戏主要角色的草图及设计思路、场景原画、剧情回顾及创作杂谈等内容，适合游戏玩家阅读和收藏。

◆ 著   零创游戏
  责任编辑 宋 倩
  责任印制 周昇亮

◆ 人民邮电出版社出版发行   北京市丰台区成寿寺路 11 号
  邮编 100164 电子邮件 315@ptpress.com.cn
  网址 https://www.ptpress.com.cn
  北京九天鸿程印刷有限责任公司印刷

◆ 开本：889×1194 1/16
  印张：8.5   2024 年 11 月第 1 版
  字数：217 千字   2025 年 9 月北京第 9 次印刷

定价：128.00 元
读者服务热线：(010)81055296 印装质量热线：(010)81055316
反盗版热线：(010)81055315

谨以此作献给为

"不再有饿殍"

致力终身的人。

崇祯元年，
全陕天赤如血，
五年大饥。

"岁大饥，人相食。"
——《明史 卷二三三 列传第一百二十一》

明末崇祯五年（1632 年），

盗匪良和同伙接受人牙子的委托，

良需将四名小女孩从华州城运至洛阳城。

一行人将走过华 州、阌乡、陕州，

最终抵达洛阳。

在这场跋涉千里的旅途中，

他们之间又会发生什么样的故事？

良，有活了，
还是一个大活儿！
洛阳那边啊……
有一只"大肥羊"啊！
我们要送几只"小羊"去洛阳。

目录

Contents

Character

角色设定

第一章

Settings

良

人物介绍

良是玩家所扮演的角色，他家世代行商，他曾想过不承父业，成为一名游历天下的侠客。1626年，天启大爆炸夺走了他的一切，他在家破人亡后便化作流民，继而沦为盗匪，做了许多恶事。

设计草稿

第一版

画　师 ◆ 慢慢

反馈意见 ◆ 良的身材太瘦，没有力量感，稍显年轻，没有盗匪的沧桑感，整体的设计缺乏故事感。

① ② ③ ④

第二版

画　师 ◆ 胡桃-V-夹子

反馈意见 ◆ 肩部以下选择②号设计，肩部以上选用④号设计，并且增加例如斗笠这种具有特别记忆点的元素。

第三版

画　师 ◆ 胡桃-V-夹子

反馈意见 ◆ 定稿

① ②

设计草稿

① ② ③

第一版

画　师 ◆ 胡桃-V-夹子
反馈意见 ◆ 年龄感太重，看起来有点老，需要更年轻、更强壮一些。

第二版

画　师 ◆ 胡桃-V-夹子
反馈意见 ◆ 看着有点呆，需要更狡诈、凶残一些。

① ②

① ② ③

第三版

画　师 ◆ 胡桃-V-夹子
反馈意见 ◆ 看着不够帅，还是要更帅、更有气质一些。

第四版

画　师 ◆ 胡桃-V-夹子
反馈意见 ◆ ①号设计更好，可以定稿。

① ②

舌头

人物介绍

良的同伙，伶牙俐齿、唯利是图。一般做恶活时，舌头负责动嘴，良负责动手。

表情差分

| 原版 | 严肃 | 思考 | 愠怒 | 警告 | 无奈 |

人物立绘

穗

人物介绍

穗，九岁，洛阳人，哑巴。她的姐姐被洛阳的千年豚妖杀死，她为了替姐姐复仇而故意被人牙子拐走，只为刺杀豚妖。

上述的一部分或全部为穗的谎话。

表情差分

原版

被绑

被绑·思考

被绑·微笑

思考

微笑

窘迫

含泪

委屈

恐慌

恐慌·张口说话

窘迫·心虚

伤心

哭泣

恐慌·说话含泪

阴脸

脸红

脸红·含泪

含泪求饶

开心

开心·含泪

愠怒

警告

无奈

设计草稿

第一版

画　　师 ◆ 慢慢

反馈意见 ◆ 人设的气质把握得很到位，短发也很好看，但是设计略显平淡，没有特色。

①

②

③

第二版

画　　师 ◆ 胡桃-V-夹子

反馈意见 ◆ 年龄感不够，画得太幼小了，气质也不到位，一眼看过去角色只会给人留下"纯"的印象。她的气质应该是一种像"流浪猫"一样的感觉，有一定的城府，并且似乎在掩饰着什么，有种神秘感，需要参考第一版草图把握。

另外，画风整体太过萌系，缺少写实感，更希望是写实感略强一些的画风，以匹配时代的厚重感。

第三版

画　　师 ◆ 胡桃-V-夹子

反馈意见 ◆ 这一版气质和年龄感到位了，服饰选②号设计，①号和②号的发型都不错。可以以②号设计为蓝本继续修改，通过后面接下来的修改，给角色加入更多与众不同的记忆点。

第一，"呆毛"是肯定要缩小的，目前过大了不写实，可以缩到很小或者去掉，用去掉呆毛后的②号设计作为一个新的版本。

第二，还可以在发型上再加一些像麦穗一样的编发设计。

第三，发型希望更偏短发一些，目前①号设计是短发，但出来的效果有些过于"像男孩子"，少了女性化的可爱感觉，所以希望结合编发再设计一版短发发型看看。

第四，②号设计的裙子感觉不错，但有点太碎太破了，可以改为类似③号设计的感觉。同时，衣服可以有一些灰尘或污渍增加做旧感。

①

②

③

①

②

③

④

第四版

画　　师　◆　胡桃-V-夹子

反馈意见　◆　这一版挺可爱的，但是在犹豫是选更还原现实的小麦色皮肤还是选更注重审美的白皙皮肤。另外，发型还有改进的空间。

第五版

画　　师　◆　胡桃-V-夹子

反馈意见　◆　定稿，最后还是决定选择白皙的皮肤，并将头发改得更好看了一些。

设计草稿

第一版

画　师 ◆ 芙兰
反馈意见 ◆ 风格与其他角色差得有点远。

第二版

画　师 ◆ 胡桃-V-夹子
反馈意见 ◆ 服饰选①号设计，发型选②号设计。

① ②

第三版

画　师 ◆ 胡桃-V-夹子
反馈意见 ◆ 定稿，不过裙子花纹可以再细化改进一下。

琼华

人物介绍

被人贩子拐走的官家女孩，据说是袁督师的远亲。

表情差分

原版　　被绑　　被绑·说话　　被绑·窘迫　　被绑·害怕

人物立绘

红儿

第一版

画　师 ◆ 胡桃-V-夹子

反馈意见 ◆ 服饰选①号设计，头巾感觉有点没必要，红儿这种扁平化一些的角色不需要这种比较有特征的头饰。

① ② ③

第二版

画　师 ◆ 胡桃-V-夹子

反馈意见 ◆ 定稿。

① ②

人物介绍

大灾之年被父母卖掉的陕北姐妹之一，泼辣朴实，对妹妹翠儿关怀有加。

表情差分

◆ 原版 ◆ 被绑 ◆ 被绑·提议 ◆ 被绑·窘迫

设计草稿

① ② ③

① ② ③

第一版

画师 ◆ 胡桃-V-夹子

反馈意见 ◆ 姿势过于开朗了，不太适合用于立绘，动作需要收一收。用色有点太常规了，于角色需要收一收。

第二版

画师 ◆ 胡桃-V-夹子

反馈意见 ◆ 定稿。

人物立绘

翠儿

人物介绍

大灾之年被父母卖掉的陕北姐妹之一，纯真可爱，很依赖姐姐。

表情差分

原版 | 被绑·窘迫 | 被绑·闭嘴 | 被绑·张嘴

人物立绘

鸢

表情差分

原版

惊讶

轻蔑地笑

严肃

疑问

微笑（张嘴）

人物介绍

良的故交，在解州城外有
一家客栈。

第一版

画　　师 ◆ otomo

反馈意见 ◆ 风格与其他角色差得有点远，且画得太像是花魁，不应该有烟斗，烟斗的设计有些不符合史实且太日式了。目前角色的发型缺乏个性，缺乏写实感，更像是女诗人，没体现出寡妇的身份，太文绉绉了，可以试试盘发的发型（古代女子成婚后通常都会盘发）。另外，目前的服饰太贵气了，不符合明朝末年的总体印象，且一般来说非贵族是不能用这种深紫色的，服饰整体可以更素、更平民一些，再在衣服边缘处加一些花纹。

① ② ③

第二版

画　　师 ◆ 胡桃-V-夹子

反馈意见 ◆ 在①号设计的基础上改，不过可以考虑给服装换个颜色。

① ② ③

第三版

画　　师 ◆ 胡桃-V-夹子

反馈意见 ◆ 换色后感觉还是原先的好。

① ② ③

第四版

画　　师 ◆ 胡桃-V-夹子

反馈意见 ◆ 定稿。

李闯将

人物介绍

由陕地入晋的一位反军领袖，自称为"李闯将"。

表情差分

原版

愤怒

豪放

和善

疲惫

说话

微笑

疑问

勇　　　　　登·　　　　侠

① ② ③

① ② ③ ④ ⑤

第一版

画　师　◆ Ocean

反馈意见 ◆ 这版李闯将设计得非常帅！如果我们是
做动作游戏，必定想启用这种感觉，但
我们毕竟还是在做写实感强的剧情游
戏，所以还是要更写实一些。

剧情中的李闯将，还不是大顺皇帝，甚
至也不是攻城陷地的闯王，而是崇祯
四年（1631年）正狼狈地从陕西逃往山
西、正在和高迎祥汇合的闯将李自成。
此时的李自成根基尚浅，闯王的名号是
"高迎祥"的，他的名号只是闯将。所
以，此时的他，不应有那么厚的盔甲，
要看起来更落魄一些。
我们在游戏中对他的描写是这样的：
此人头戴范阳毡笠，穿着一身蓝衫。
他看起来不到而立之年，但也有二十八
岁的样子。
他颧骨突出，眼窝深凹，鼻子很挺，眉
眼与老鹰有几分相似。
他的面貌称不上英俊，却给人一种凌厉
干练的感觉。
另外，我希望剧本中所有的农民军与官
兵都拉开印象差距，如农民军基本都是
布衣，官军才穿铠甲。
综上，首先要改的是服装，改为布衣且更
落魄一些；其次我觉得人物要多体现一些
"智"的感觉；最后在气质上，我希望他
是一种偏普通人、更容易团结农民的气
质——既有八分理想主义者的质朴、执
拗，又有二分属于小民的奸猾、匪气，要
成为求温饱和生路的人民的缩影，也要给
人一种"出头大哥"的印象。

第二版

画　师　◆ Ocean

反馈意见 ◆ 姿势和动作气质定⑤号设计，再增加匪
气和智慧感，兼具狼和鹰的感觉。

第三版

画　　师　◆　Ocean

反馈意见　◆　选②号设计，但眼神要更坚毅
　　　　　　　一些。

衣服参考相关文献，并参考影
视剧的部分装饰来提升形象。

整体色调在第2和第3象限
中，其他辅色靠近第1象限。
①号设计更加贴近主灰色调，
会倾向窘迫感，服饰相较于②
号设计对比更鲜明。
增加铜钱串的小设计，强化人
物时代感。

第四版

画　　师　◆　Ocean

反馈意见　◆　选①号设计，定稿。

人物立绘

豚妖

表情差分

原版

大笑

腹部被插刀·愤怒

邪笑

衣服破烂·惊恐

阴沉着脸

人物介绍

良的幕后雇主，据穗所说，其真实身份是洛阳修行千年、常食女童的豚妖。

① ② ③ ④

第一版

画　　师 ◆ Ocean

反馈意见 ◆ 目前的草图可见设计功底，不过很多方面还需要继续优化一下。

（1）画风

画风希望更加贴近国风，目前的画风感觉稍微偏美漫和过于夸张，尺度上可以更加偏写实一些。

（2）面貌与性格

目前的设计稿中，豚妖这个人物一眼看上去就很邪恶，希望人物的气质更复杂一些，改为笑面虎的感觉。他平时看起来是位有点和蔼的胖王爷，实际上非常奸猾、好色且内心阴暗，关键时刻也很怕死。常态立绘可用偏笑面虎的版本，虽然是和蔼地笑着但让人感觉很阴冷，然后在特殊剧情中表情会变得很可怕（类似目前设计稿的感觉）。

（3）服装

可以参考明朝亲王服饰进行细化。

（4）立绘姿势、角色身高及其他细节

立绘的姿势和角色身高以①号设计为基础调整即可，豚妖的身高只需比男主高一点儿即可，注意头身比。脸、帽子、发型可以多参考②号设计，②号设计更有记忆点。

第二版

画　师 ◆ Ocean
反馈意见 ◆ 定①号继续细化，注意王爷的贵族气质和色欲、霸道、贪婪感的平衡。

① ② ③

第三版

画　师 ◆ Ocean
反馈意见 ◆ 定②号色稿，不过成稿要减少角色脸部的霸气感，再去掉不符合王爷袍服特征的"肩扛日月"元素。

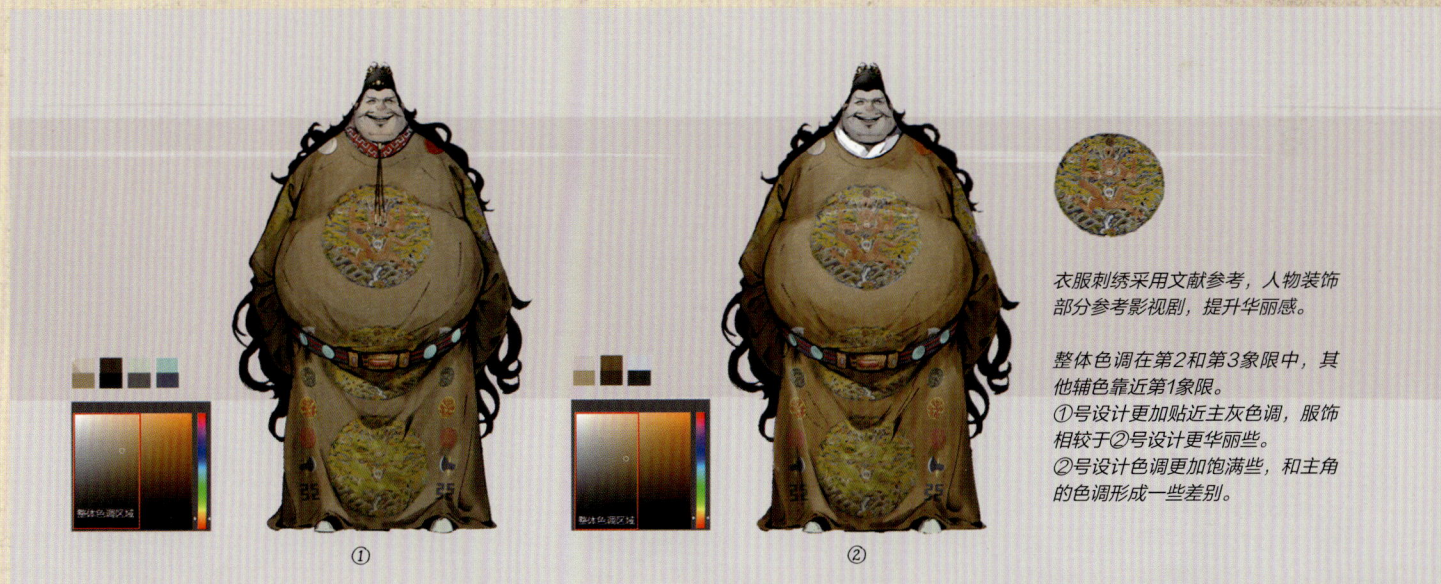

① ②

衣服刺绣采用文献参考，人物装饰部分参考影视剧，提升华丽感。

整体色调在第2和第3象限中，其他辅色靠近第1象限。
①号设计更加贴近主灰色调，服饰相较于②号设计更华丽些。
②号设计色调更加饱满些，和主角的色调形成一些差别。

NPC 大合集

呆傻小孩

店小二

吏卒甲

吏卒乙

洛阳店小二

洛阳乞丐甲

洛阳乞丐甲（无棍棒）

洛阳乞丐乙

反军丙

反军丙（拿竹棍）

反军甲

反军乙

反军乙（拿竹棍）

洛阳乞丐乙（无茶刀）

官兵甲

官兵乙

黑胖子

饥民丙

饥民甲

饥民乙

解州店小二

胖镖师

乞丐女孩

瘦镖师

王府侍卫

尹三

鸢儿店打手

部分 NPC 角色草图

（草图画师：小骨头）

官兵

反军

店小二

瘦镖师

胖镖师

尹三

青壮乞丐

老乞丐

乞丐女孩

呆傻小孩

Scene

场景设定

第二章

Settings

◆ 河边船 ◆

◆ 城内湖 ◆

◆ 福王府前 ◆

◆ 篝火营地 ◆

◆ 福王府后花园 ◆

◆ 城破 ◆

◆ 华州城街道·昼 ◆

◆ 客房·夜 ◆

◆ 后厨 ◆

◆ 客栈1 ◆

◆ 客房 ◆

◆ 客栈2 ◆

◆ 洛阳河边小道 ◆

◆ 客栈外 ◆

◆ 李家村·昼 ◆

◆ 洛阳河边小道 · 夜 ◆

◆ 马车内 ◆

◆ 水沟屠宰场 ◆

洛阳街道

◆ 洛阳街道·烟花 ◆

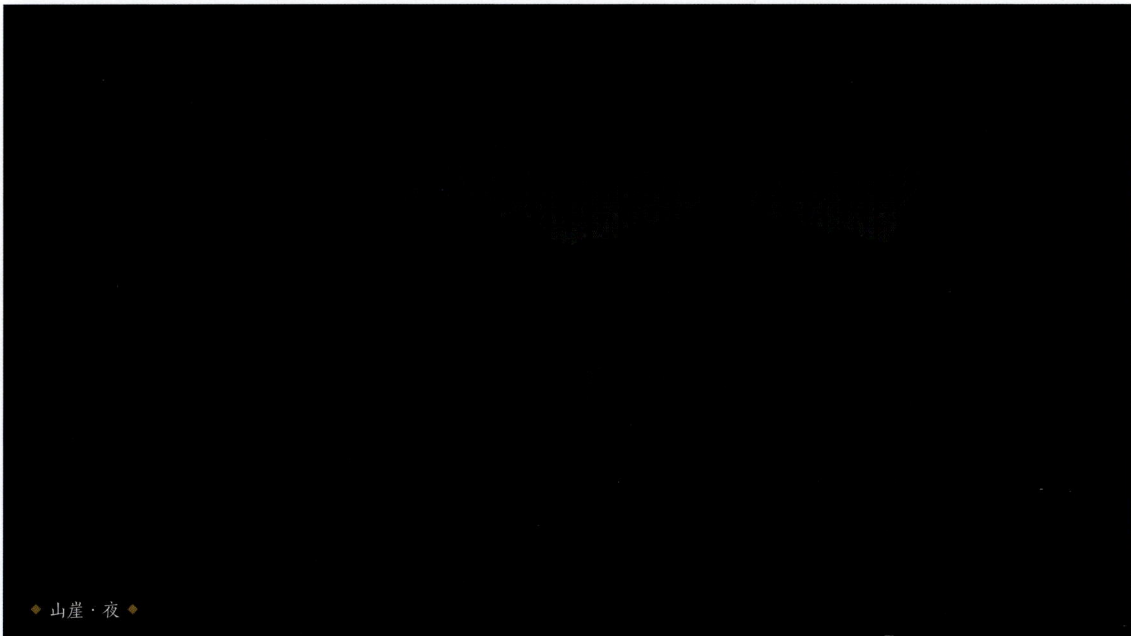

◆ 山崖·夜 ◆

◆ 山崖篝火·夜 ◆

◆ 山林 ◆

◆ 山林崎岖路·雾 ◆

◆ 山林·夜 ◆

◆ 山内湖 ◆

◆ 水沟村 ◆

◆ 陕州街道 ◆

◆ 雅乐殿 ◆

◆ 澡堂 ◆

◆ 伏茶 ◆

剧情回顾

第三章

Plot

Review

开始

◆ 猫的刺杀 ◆

草图

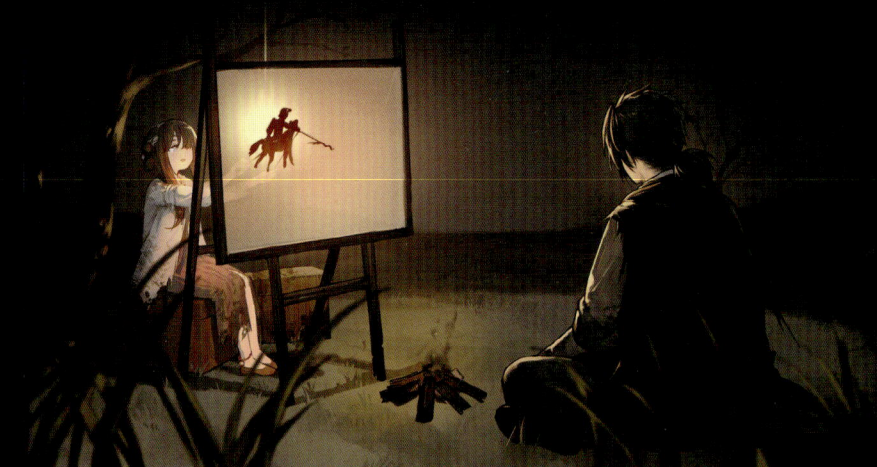

草图

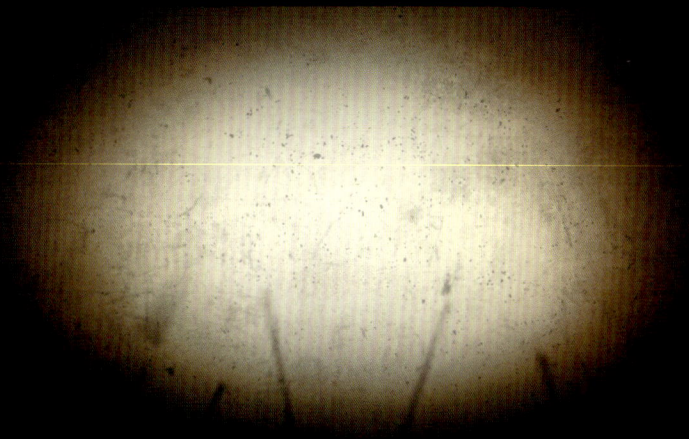

草图

草图

草图1

草图2

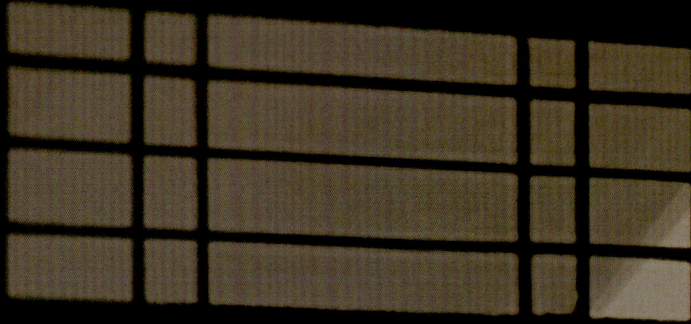

草图

草图

草图

草图

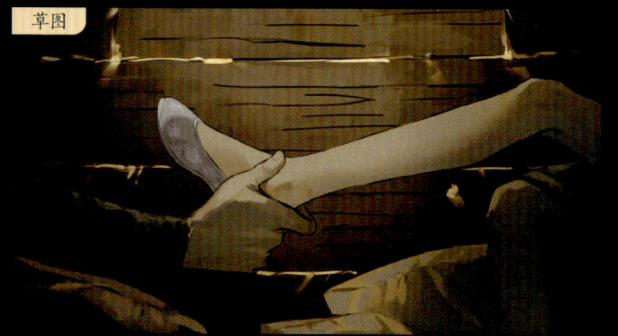

草图

草图

很多年后，我才意识到，

这种突如其然的"不见"，

以及那永远没有答案的结果，便是她对我的报复，

最温柔却最残忍的报复。

羊啊……羊，

明明你们聚在一起，便能变成狼。

变成狼的你们，能冲入那豚妖府中，将豚妖撕得粉碎。

为什么，你们要甘愿做羊呢？

草图1

草图2

这些人的说笑声仿佛被灯火隔在了一头，

我和满穗在另一头。

我们是"无家之人"。

"无家之人"在这样热闹的地方像是过客，

与这里的一切格格不入。

草图

草图

她侧身对着我，望着我的方向一动不动，目光死寂，

仿佛穿过了我在看着什么。

这让我有了一种虚幻的错觉，仿佛她已经成了一具尸体。

草图1

草图2

草图

他知道，这一刀将是斩无不断的刀锋。

这一刀能代表那些被吃干抹净的卑微者，

能切开天、切开地、切开尘世所有的不公。

草图1

草图2

方案1：采用四分构图法，人物的站位、动态线条和硝烟方向等引导，暗示故事走向、增加戏剧张力，人物脸部的互动方向使得画面更具有史诗感。

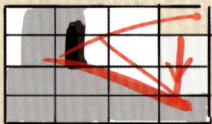

方案2：将画布四等分，每一部分的位置都有着不同的动作和叙事内容，最终的视线都会引导在李自成和福王的位置上，直观地体现叙事内容。

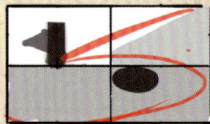

方案4：打破已有的构图框架，画面大量留白，留给观众更多想象的空间。局部饱满的画面，会让观众对这个画面留下深刻印象。在游戏的基础风格上，结合水墨风格，让画面在有视觉冲击的同时，突出喜悦、庆祝的氛围。大锅上方的水蒸气和黑烟直接表现故事剧情，画出福王的局部身体，让观众能想象出他挣扎时的模样。

方案3：用广角镜头下的四分构图法来进行叙事，结合黄金分割线（黄金螺旋）引导视线，增强故事的戏剧张力且让观众更有带入感！

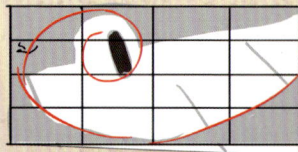

我们一步步向前走着，抛下无休无止的雨、封闭的孤城、冰冷的朝代。

良……抱紧我吧。

所以啊，良爷千万不能死了，

良爷只能我来杀，这也是我们的约定。

草图

名字被她叫出的瞬间，

冻结的时间倏然解冻。

风再次吹刮着河边的树木，

成片的树叶沙沙地响着。

雨又哗哗地落个不停，

在河面绽放出一朵朵的水花。

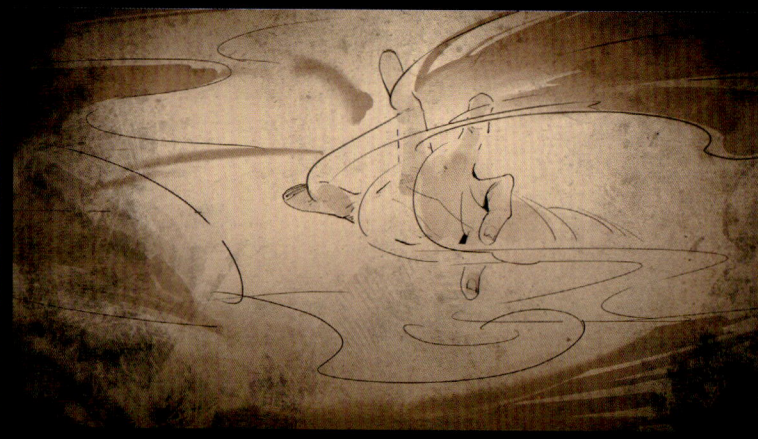

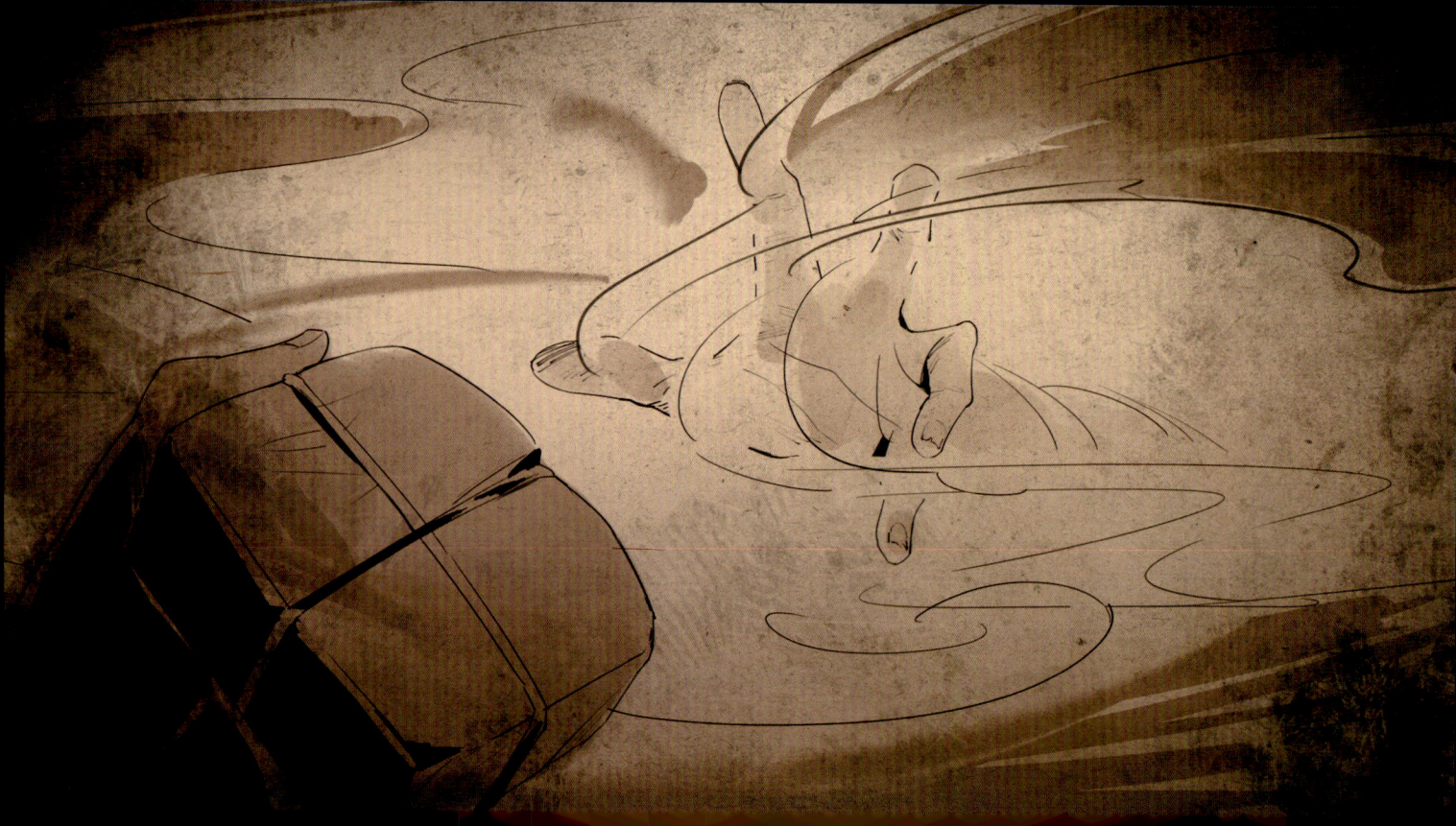

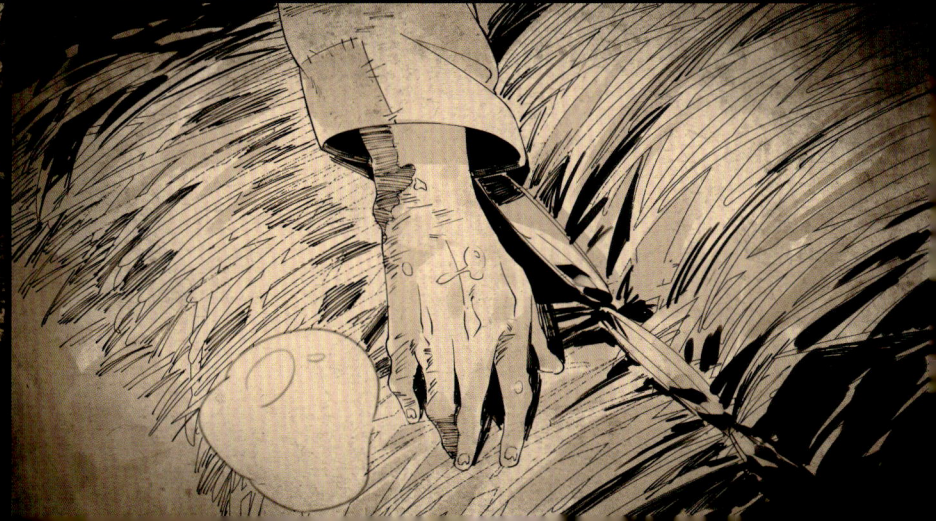

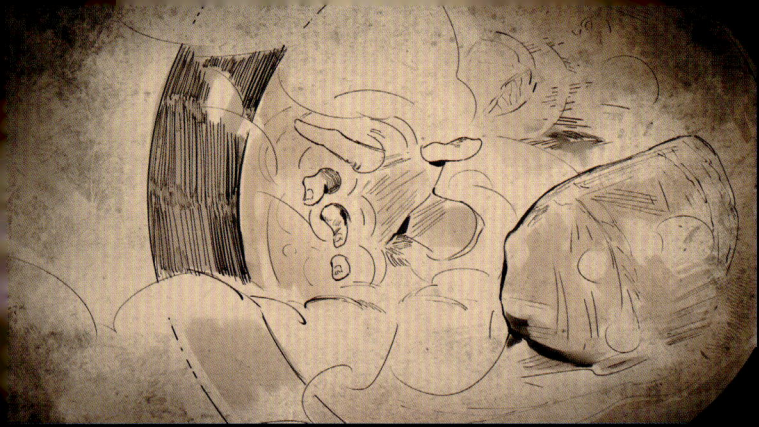

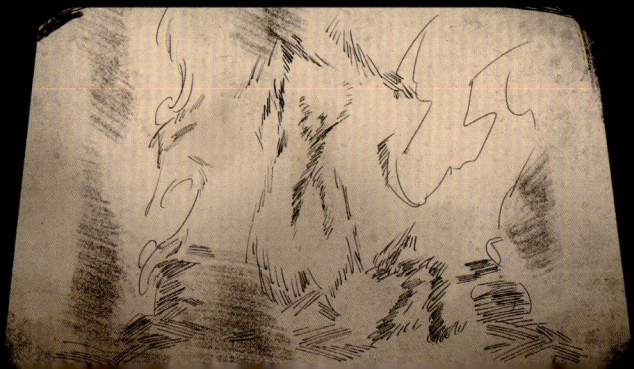

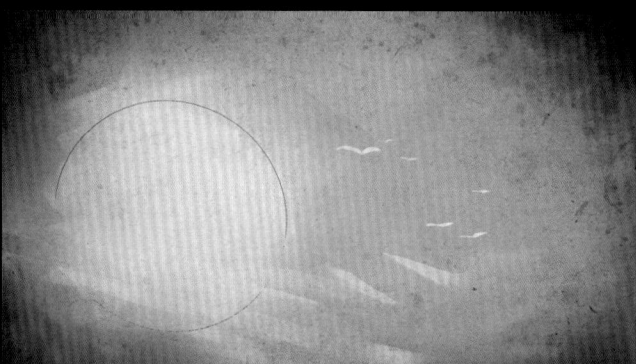

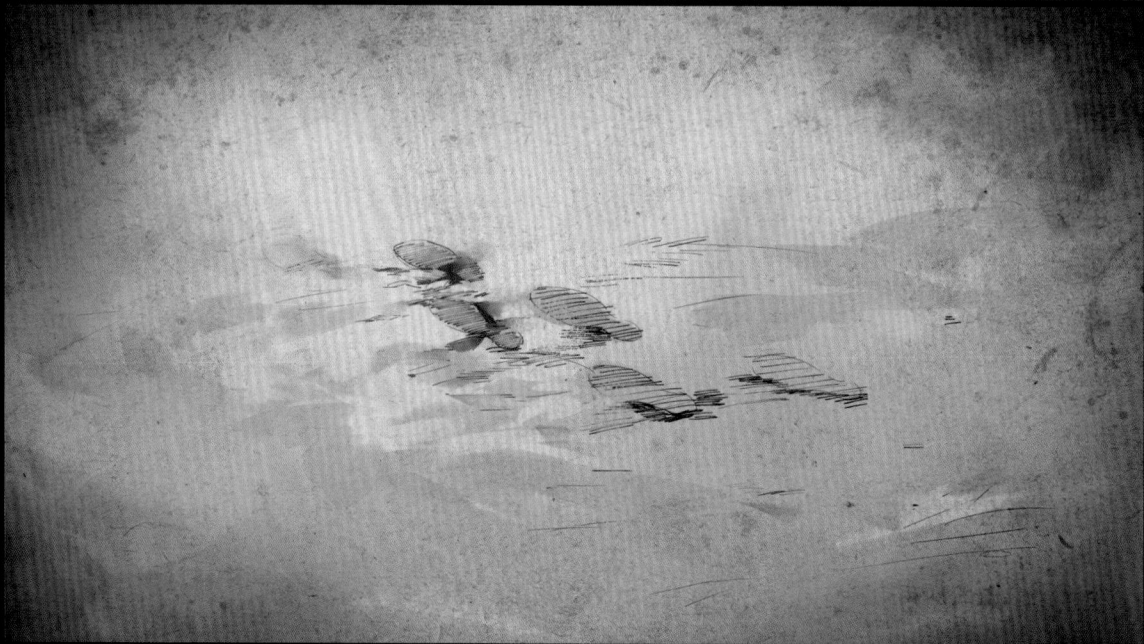

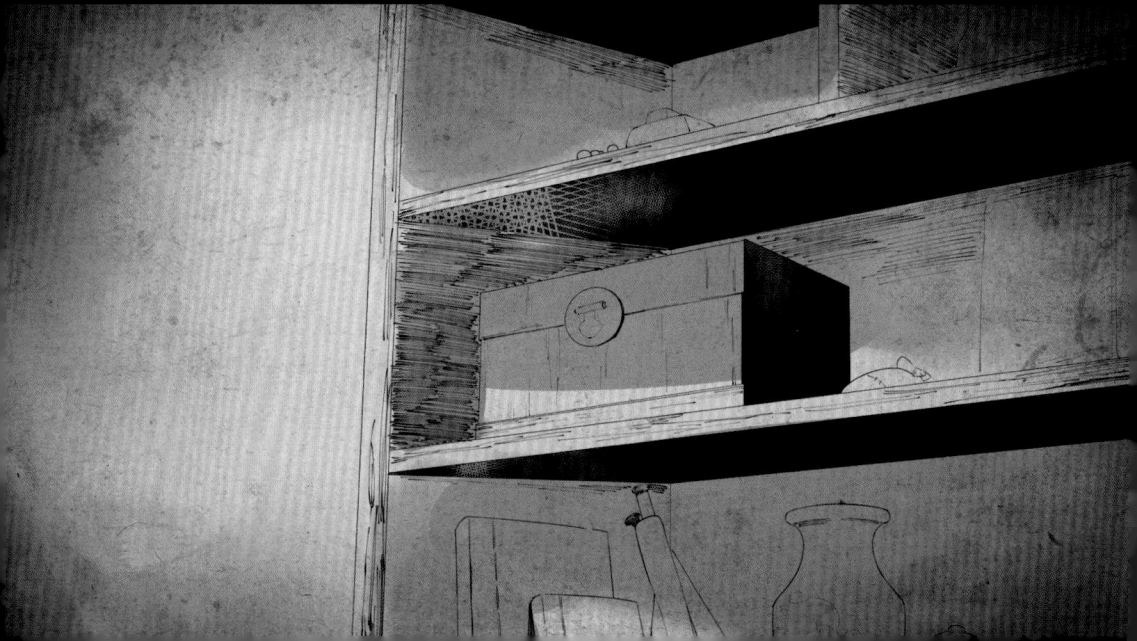

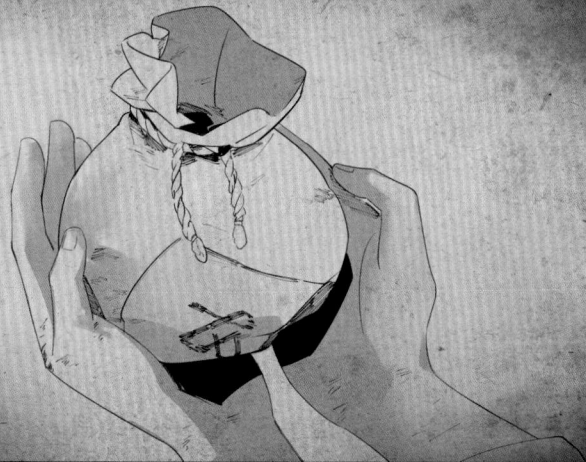

Production

第四章

制作杂谈

Gossip

大家好，我是嵇零。

零创游戏的第二作《饿殍：明末千里行》（以下简称《饿殍》）预计于2024年3月正式发售。

本来，这篇制作杂谈计划在发售前一个月再公布。可是，我没想到《饿殍》一经公布后，许多玩家都很关注这部游戏，讨论热度非常高，我觉得每个月不写点相关信息不太好，于是便打算通过这篇制作杂谈提前给大家分享这部游戏的一些内容。

按照惯例，我所写的制作杂谈的第一篇都会讲游戏的立项背景，《葬花·暗黑桃花源》（以下简称《葬花》）是如此，《二分之一》是如此，那么《饿殍》也是如此。

不少人可能会好奇，我为什么想写《饿殍》这样一个故事？

难道，我真的是高强度逛"河坝"（核战避难所贴吧）的吧友，以至于功力大成，按捺不住，于是便想做一个能被称作"镇吧之宝"的游戏吗？
难道，我是因为经常不接外卖电话，担忧着自己某天被外卖小哥带着外卖上门刺杀，从而产生的灵感？
难道，我是因为太过喜欢或太过讨厌明朝历史，以至于

必须要做一个与明朝历史背景高度相关的游戏？
其实都不是。

《饿殍》的诞生，更像是一个顺其自然的结果。
在创作《饿殍》前，我很少逛"河坝"，也和外卖小哥关系良好。
虽然，我确实很喜欢明朝，初中时便将《明朝那些事儿》看了两遍，成年后更是将《大明王朝1566》看了十几遍，还喜欢经常搜集明朝相关的历史资料。
但是，这种喜欢似乎不足以驱使我去专门做一个游戏。
其实，制作《饿殍》的最大动机很纯粹，根本上是源于我的"生活不如意"。

零创游戏的老粉可能知道，我们首作《葬花》卖得不错，销售了十万份左右，好评率连续两年维持在96%。
然而，我们的第二作《二分之一》却翻车了，至今也只卖到一万多份，仅有多半好评，成了业内知名的负面案例。《二分之一》并不是一开始不想好好做的作品，我们付出了很多努力，却因为成本和能力不足，几乎把《葬花》赚的钱加上投资人投的钱都赔了进去。

我记得，当刚看到首周销量的报告后，我缩在快要搬走

的屋子里，心想：我从十五岁签约写小说、画漫画到现在，都快十年了。都十年了，我主导的作品还是会赔，我不会从此一直赔，然后被饿死吧？

于是，我也不知怎的，开始想到"饿殍"这两个字，便去搜索"饿殍"的信息。搜索出来、跃然于我眼前的——不是我这种自以为要被"饿死"的人，而是那些真正饿死的人——
横死路边的老妪、骨瘦如柴的孩子；
被野狗啃食的尸体、成群结队端着碗要饭的饥民；
我被这一张张20世纪初的旧照片深深震撼。
在生产力尚且发达的近代都是如此，那更遥远的古代呢？于是，我便开始狂热般地翻阅历史资料，查找各朝代末年关于饥荒的记载。

"岁大饥，人相食。"
"易子而食。"
"芙蓉肌理烹生香，乳作馄饨人争尝。"
我看到这些残酷的字眼，脑内闪过连续的画面。
最终，我构想的画面定格在一间屋子和一位少女之上。

我看到一位少女，她很瘦，瘦到了皮包骨、令人心疼的

程度。

她早已没有了人性，只剩下兽性。

她像是饥饿至极的猫一样，在黑暗的房间里啃食着什么。

她尝试哭，泪痕却干在脸上，早已流不出眼泪。

她生硬地吃着肉，与家人作最后的告别。

我看向她时，她也侧过眼眸看向我，眼里是悲伤、绝望，黑洞洞的眼眸里燃起了复仇的火焰。

一定要创作！

一定要创作这样的故事！

我在热泪盈眶的同时热血沸腾，瞬间便没了上一部游戏失败带给我的挫败感，取而代之的是极强的创作欲望。

接下来，我需要一个故事框架。

想来想去，我觉得自己最想做一个公路旅行的故事，主角最好是中青年配孩子的组合。

为什么呢？

因为我很喜欢这种设计。电影《纸月亮》《完美的世界》《这个杀手不太冷》《菊次郎的夏天》都是类似的故事。我以前也写过一个十万字的电影剧本，投稿参加过一些电影节，剧本讲的是一个疏远家庭多年的中年人，在亲生父母死后带着他们的养女旅行的故事。

在这类故事里，往往有一个"仓促地长大"的"大人"，以及一个"生硬地早熟"的"孩子"。

"大人"和"孩子"，他们都将会在这次旅行中逐渐成长，会在陪伴中与另一方实现共鸣和救赎。

而如果我将这种关系，施加在明末运送菜人的盗匪与菜人之上，便有了一种黑色的质感，这个故事设定非常让我想去创作。

对了，《饿殍》公布后，我看到有很多人争论我们制作《饿殍》，到底是"清粉"还是"明粉"。

我摊牌了，其实我什么粉都不是。

真要说粉的话，我是明末努力求生的人民的粉，仅此而已。

我粉的是那些在绝望之中努力寻找希望的人们，我也深知自己该共情的不是王侯将相，而是芸芸众生。

如果穿越到那个时代，我小概率是江南地带晚些被屠城、被逼着剃发易服的文人，大概率是北方中原因为连年大灾和土地兼并快要被饿死的饥民。

在那个年代，我都这样了，还要怎么办呢？

一个快饿死的人，肯定不会考虑哪个皇帝比较好、哪支军队比较强。

我只想活下去，最好带着所珍视的某人一起活下去。

哦，若是到头来我活着，我所珍视的人都死了，余生非要有一个目标的话，那便是向夺走我一切的某人、某物复仇。

他是谁？是什么？是哪个民族的人？这大概都不是很重要吧……

好了，这篇杂谈大概就讲到这里。

《饿殍》的杂谈我也不知道会写几篇，这次不约束自己了，随缘写，不过我可以保证之后肯定会讲讲《饿殍》的美术、配乐、配音等各环节的创作想法，以及在游戏发售后讲讲一些人物设计和剧情设计的想法。

大家如果喜欢这部作品，或是好奇这部作品接下来的发展，可以关注"零创游戏"这个账号，最好能登录Steam，帮我们添加一下愿望单。

最后，非常感谢大家的关注与喜欢，希望此款游戏不负各位的等待。

嵇零 写于2023年10月18日

131

大家好，我是嵇零。

时间过得真快，转眼三月了，《饿殍：明末千里行》已经制作了一年，下个月就要发售了。最近两天呢，我有了一些新的感悟，心血来潮便想总结下来，分享给大家。

这篇制作杂谈会分享一些"角色设计"相关的内容，当然也会闲扯。无论你是对这款游戏感兴趣的玩家，还是相关行业的创作者，都可以从这篇杂谈里了解到这部游戏的新信息。

为了引入正题，首先跑个题，讲一些题外话。

上周，资方的投资经理前来造访我们工作室。

我请他吃了饭，因为我和他已经很熟了。这次除了公事，他更多地是和我聊了一些"私事"。

可能是因为我不久前刚参加过他的婚礼；可能是因为我曾投稿过"拯救大龄二次元"，在微博引起了小小的轰动；也可能是因为我前阵子刚回答了一个知乎问题，聊到女友正在帮我画《饿殍》，他竟然跟我聊起了婚恋话题。

我向他分享了一些我的事后，他也向我分享了他自己为什么会选择结婚。

他说，他之所以结婚，第一是因为结婚对象聪明，第二是因为对方很善良。

"聪明"？"善良"？

我对这两个词很好奇，便继续询问他具体是指什么，他便开始给我解释。

这里的"聪明"并非指智商高，而是他的妻子总有优点让他钦佩、总有观点让他惊喜；这里的"善良"也并非指会给路边的乞丐施舍，或者会去做公益，而是指会站在他人的角度去考虑，有包容心，不因仇恨而过度报复、不因利益而出卖道德。

我听了他的话后，对创作有了全新的感悟。

"聪明"和"善良"，很简单的两个特质描述，却概括

得非常精准。具备这两个特质的角色是很有魅力的，甚至有魅力到了"想让人结婚"的地步。

于是，我便依照这两个词条的标准，去复盘自己记忆中的一些女性角色。复盘后发现，在之前的创作中，我确实因为让女性角色少了一些聪明或善良，导致其魅力有一些不足。

远一些来说，如《无人之境》的莲实光，便曾有评论提到觉得女主角太傻、很气人，因此不喜欢女主角。

近一些来说，《葬花》游戏里，也有少数人觉得双花并不如郑氏有魅力，因为白天的双花少了一点聪明，晚上的双花则又少了一点善良。在沉梦线的DLC上线后，大家对双花的评价反而更高了。

现在想来，我觉得大概是因为沉梦线的剧情让白天的双花显得更聪明，晚上的双花显得更善良，人物也因此更有魅力。

我先前的作品大家未必都看过，那就再举一个更好让人理解的例子吧。我大一的时候曾受腾讯动漫邀请，负责《雪山飞狐》漫画版的编剧工作，也正是在那时，我把金庸先生的作品都读了一遍。

金庸先生创作了很多女性角色，口碑大有不同。而我最近想到——其实，这些女性角色的口碑基本都和角色的

"聪明"和"善良"相关。

郭襄和双儿是口碑最好、人气最高的两个角色，堪称好评如潮。她俩性格虽然不同，却都兼具聪明和善良。黄蓉和小龙女的人气也很高，不过好评率稍微低了一点，大概是因为前者少了一些善良，后者少了一些聪明。至于阿珂、阿紫、郭芙这三个差评率相对较高的角色，基本都是同时少了较多的聪明和善良。

我想"聪明"和"善良"这两个因素，对于角色而言，大概就相当于炼金术中的基底原料，一般都是需要考虑去添加的。

当然，创作上是没有定式的，也不可固化思维。黄蓉虽然好评率没有郭襄高，却可能是一些人眼中最喜欢的角色。一些角色的"不善良"或者"不聪明"，或许会让其更有特点。比如《电锯人》里的玛琪玛和《为美好的世界献上祝福！》里的阿库娅，一个极度不善良，另一个极度不聪明，照样也很有魅力。

所以，我觉得创作还有一个关键：要让角色"纯粹"，角色的行为前后维持一个相同的逻辑，角色不能在剧情发展中失去了他（她）的纯粹。比如某个角色，创作者一开始把他（她）塑造得聪明又善良，可到了剧情后半段，他（她）因为一件事，像是被催眠了或是被夺舍了，突然缺乏逻辑地变得不聪明或变得不善良——甚至

这是由于某个非主角的异性，那么这个角色便会给人强烈的违和感，甚至还会让人愤怒。

相信我这么一说，如果你是观看过很多作品的人，可能会对号入座联想到某些角色吧。"不纯粹"，是我认为角色设计时最不该犯的错误。

至于《饿殍》里的穗，我很有信心确保她是一个纯粹的、前后一贯的、聪明又善良的女性角色。穗自然是很聪明的，她是一个被惨烈的时代背景和复杂的身世快速"拉长"了的"孩子"，她有自己的生存之道，机智聪慧，在游戏中玩家可以充分体会到关于她"聪明"的魅力。说到善良的话……虽然她装哑、撒谎又偷袭，但她本质上是一个好女孩啊！

对了，穗除了聪明和善良，还有一个优点——漂亮。

接下来，我想给大家展示一下穗这个角色具体的美术创作过程，公布我们对于让穗变得更"漂亮"所作的一些努力。

起初，穗的稿是《葬花》的画师"慢慢"画的，如右图所示。

这张草稿还是挺可爱的，也能从中看出最终立绘的一些影子来。不过，刚画完后没过多久，慢慢因为想歇一阵子就提了离职，我只能重新找人画，女友便帮我介绍了另一位画师"胡桃-V-夹子"。

胡桃一开始画的初稿，与现在的立绘差距挺大的，如下图所示。

是的，是一个很可爱的"小豆丁"。

我觉得年龄显得太小了，这看起来像是六岁，而非人设要求的十岁出头的外貌长相。

（事后分析：胡桃很喜欢玩碧蓝档案，在他眼里16~18岁的少女长得都很萝莉，那10岁左右的自然是"小豆丁"啦！）

然后，胡桃画了第二稿。第二稿中穗的身材和年龄感合适了，衣服我选了第二个设计，发型则在第一个和第二个之间犹豫。

我想要看一下更像是短发且侧面有一点扎辫的版本，同时也想看一下其他肤色，就让胡桃画了第三稿。

看到这个版本的图后，我还是对发型不太满意，于是便和胡桃商量设计了一个单边扎发。另外，关于肤色我们也作了很多讨论。美术组都觉得该用白色皮肤的方案，我觉得皮肤应该偏黑或偏小麦色一些，这样比较符合饥荒年间的人物特点，人物不该太细皮嫩肉，可其他人都觉得好看更重要，所以最后还是选用了白色皮肤的方案。

当然，现在看来，我并不后悔，皮肤白皙的穗在各种CG上的表现绝对更好，也符合绝大多数人的审美。

在此之后，草图进一步细化成了成稿，就是大家现在看到的样子啦！

好了，这篇制作杂谈就讲到这里吧，很有幸能给大家分享我的感悟。

稔零 写于2024年3月6日

Staff

制作组	零创游戏《饿殍：明末千里行》制作组
制作人 / 剧本	嵇零
角色原画（主角、配角）	胡桃 -V- 夹子、海神
场景原画	frozenX
CG 原画	帕兹定律、胡桃 -V- 夹子、火吉
角色原画（NPC）	梓茵茵
故事图	叉子
程序	遥溯
演出	Kirmy
文案纠错 / 配置 / 演出协助	ice935、九月
美术协助	火吉、小骨头
UI/ 美宣	匣中猫
配乐	林方舟、王子延
配音导演	冷泉夜月
配音演员	hanser、冷泉夜月、花玲、石琰、刘一蕾、程智超、王西瓜、余珊等

《千里饿殍行》

原作：《饿殍：明末千里行》
作曲：塔库
作词：嵇零 Hanser
演唱：Hanser
编曲 / 分轨：向往
二胡：二胡妹
吉他：大牛

黄埃无地 人烟断如雨
蝗过无际 兵过如刀剃
社稷无稷 妇孺饥可易
诸公无闻 黎民生死 怎在意

出走不知乡里
是我亦不想寻找
若此一去 各处为家不畏远遥

那散落一切 都补不及昔日的回忆
依稀欠你的情 都付不及记忆的哭泣
是我向你的剑 胆敢忘记我的回忆
你是我 今与昔的挥影 一个人的泪迹

黄埃无地 白骨遭遗弃
蝗过无际 饿殍遍千里

社稷无稷 日月将更易
诸公无闻 黎民生死 怎在意
出走不知乡里
是我亦不想寻找
只身一去 天地为家何惧远遥

这一路崎岖 或遇荆棘 都不曾在意
唯独有刀柄与默念千次百次的姓名
瞥过它多锋利 不悔今昔最深的执意
终抵时 如何才能彻底甘心将其丢弃

那切骨之怨 都赴不及心里的涟漪
与你千里之行 都付不及记忆的孤寂
是我向你的剑 都赴不及我的回忆
你是我 心与忆的挥影 一个人的泪迹

136